D1125477

Les voix de l'expérience

Données de catalogage avant publication (Canada)
Blondin, Robert

    Rêver

    (Les voix de l'expérience)
    ISBN 2-7604-0835-3

    1. Rêves. 2. Personnes âgées - Entretiens. I. Titre. II. Collection: Voix de
l'expérience.

BF175.5.D74B56 2002   154.6'3   C2002-940686-2

© Les Éditions internationales Alain Stanké, 2002
Dépôt légal: Bibliothèque nationale du Québec, 2002

Les Éditions internationales Alain Stanké remercient le Conseil des arts du Canada et la Société de développement des entreprises culturelles (SODEC) de l'aide apportée à leur programme de publication.

Nous reconnaissons l'aide financière du gouvernement du Canada par l'entremise du Programme d'aide au développement de l'industrie de l'édition (PADIÉ) pour nos activités d'édition.

Gouvernement du Québec – Programme de crédit d'impôt pour l'édition de livres – Gestion Sodec

Le Conseil des Arts du Canada | The Canada Council for the Arts
depuis 1957 | since 1957

Stanké international
25, rue du Louvre
75001 Paris
Tél.: 01.40.26.33.60
Téléc.: 01.40.26.33.60
www.stanke.com

Les Éditions internationales Alain Stanké
615, boul. René-Lévesque Ouest, bureau 1100
Montréal (Québec) H3B 1P5
Tél.: (514) 396-5151
Téléc.: (514) 396-0440
editions@stanke.com

IMPRIMÉ AU QUÉBEC (Canada)

Diffusion au Canada: Québec-Livres
Diffusion hors Canada: Inter Forum

Robert Blondin

Rêver

Les voix de l'expérience

Stanké
QUEBECOR MEDIA

Avant-propos

Cette collection et chacun de ses livres ne sont pas nécessairement destinés à être lus linéairement d'un volume à
l'autre. Il s'agit plutôt d'un bouquet à butiner au gré des
préoccupations du moment. Dans l'ordre ou dans le
désordre. Selon l'humeur.

Les propos transcrits ont été racontés. Il faut les lire
comme on écouterait avec une délicieuse indiscrétion les
conversations intéressantes des tables voisines.

Aucune démonstration rigoureuse d'un point de vue
structuré. Les propos ne sont pas choisis en vue d'illustrer
les hypothèses ou les convictions de l'auteur. J'ai été intéressé par des êtres humains et ceux-ci m'ont exprimé des
points de vue personnels, spontanément, et sans connaître
ceux des autres.

Je n'endosse pas systématiquement les opinions
émises et mon rôle s'est limité à en faciliter l'expression,
non à les contester. J'ai donné la parole, littéralement, sans
la reprendre.

Derrière les propos plus ou moins habiles, plus ou
moins sophistiqués, se dessinent des portraits. Vingt-
quatre portraits de femmes et d'hommes aux cheveux gris,
ayant franchi la soixantaine. Vingt-quatre témoins, en

toute confiance, à la barre de la vie. Vingt-cinq avec l'auteur. Au-delà de ces vingt-cinq collections de peines et de joies, un aperçu social: ce qui différencie et rassemble les aînés, quels que soient leurs vécus, leurs formations.

Nous vivons une époque où la démocratie souffre d'un chancre: si la parole est théoriquement accessible à tous, on n'écoute souvent que celle de ceux à qui les médias la donnent. J'ai voulu réunir sans distinction les médiatisés aux autres. Et les autres sont aussi bien ceux et celles qui ont l'habitude de la parole que ceux et celles qui se taisent, mais n'en pensent pas moins.

Je professe depuis longtemps qu'il faut avec énergie renverser la vapeur médiatique et privilégier résolument le message plutôt que le messager. C'est dans cet esprit que cette collection présente ces rencontres avec des gens qui ont pris un certain recul par rapport aux débats sociaux ou philosophiques de l'heure, sans pour autant être devenus indifférents ni s'être assis sur un nuage de brume, déguisés en sagesse.

Et pour le passéisme, on repassera.

Au Québec, l'inventaire de nos outils, de nos errements, de nos défaites, de nos réussites, de nos meubles, de nos valeurs, de nos artistes, de nos rêves a été l'objet de préoccupations constantes dans les corridors et cafétérias de l'ONF, de Radio-Canada, des maisons d'édition.

Mais tout ne devient pas intéressant et pertinent parce que vieillissant. Pour dynamiser le contenu réflectif, j'ai rencontré des anonymes d'expérience et quelques *clairons* plus connus, dont les noms m'ont été suggérés par des amis complices. Il s'agis-

Les voix de l'expérience

sait d'abreuver une pensée contemporaine aux sources confluentes de l'ancien vécu et de l'observation actuelle. J'ai donc rassemblé arbitrairement ce florilège de *snoros* aux tempes grises et de *fin finaudes* au regard moqueur.

La collection enracine son propos dans la convivialité de conversations dirigées par la nécessité d'une structuration éventuelle des contenus. Les rencontres se sont lovées autour d'un certain nombre de sous-thèmes présentés dans le même ordre. Une méthodologie que j'avais expérimentée dans une série radiophonique sur le bonheur. On fait raconter à l'interlocuteur ce qu'il a vécu, connu, on recueille ses réflexions, à partir de thématiques toujours abordées dans le même ordre et selon la dynamique des verbes plutôt que dans le statisme des substantifs. Ces verbes sont devenus les titres de la collection: *Aimer, Rêver, Jouer, Apprendre, Éduquer, Bâtir, Gouverner, Aider, Évoluer, Voyager, Travailler, Souffrir, Mourir.* Autant de portes par lesquelles on pénètre pour visiter des greniers, des jardins plus ou moins secrets, des réflexions, des convictions. Deux douzaines de longues rencontres qui, par leur forme dialoguée soigneusement retranscrite, ont conservé toute leur chaleur originelle.

J'ai l'âge des interlocuteurs. Mais il y a des matins et certaines soirées où j'ai bel et bien quatre-vingts ans. L'âge dort à partir d'un certain âge. Entre les monticules d'inquiétudes et de certitudes, il y a nivellement parfois. Grâce au partage.

Lire ce qui suit, c'est accepter l'invitation de vous joindre à nous, en quelque sorte.

Un p'tit café?

Mise en situation:

Rien n'arrive qui n'ait d'abord été rêvé. Alors, dites-moi quels sont vos rêves et, selon que vous les réaliserez ou non, nous pourrons parler de vos joies ou de vos regrets.

Il n'y a pas de poursuite du bonheur sans espoir, but, idéal, passion, expectative ou anticipation. L'accomplissement amoureux est du même ordre. La séduction n'est que la tentative de réalisation du rêve. Il s'agit de l'espoir-moteur, de l'optimisme lucide, des étincelles de l'anticipation. «Aller vers», c'est bien le bouillonnement des buts, des idéaux et des causes.

Rêver, c'est en quelque sorte l'appel du printemps, l'attirance inexorable pour les recommencements. Être constamment conscient que demain tout peut effectivement changer.

Rêver, c'est donc aussi planifier, prévoir ces recommencements, les provoquer au besoin.

Beaucoup de rêves sont aussi nourris à l'appétit du nouveau. Pour le nouveau. On retrouve chez certains primates supérieurs cette capacité à risquer tous les acquis pour l'attrait du nouveau. Les éthologistes nous apprennent que des singes leaders acceptent volontiers de perdre leur statut et les avantages du dominant pour aller explorer une vie nouvelle dans une autre tribu.

Il semblerait que de soit à partir du choix d'un but, d'un idéal ou d'une cause, donc d'un rêve, que l'on puisse parler d'intensification qualitative du bonheur. André Maurois avait déjà bien résumé l'importance de ne pas craindre le nouveau quand

Les voix de l'expérience

on veut être heureux: le bonheur est une décision que nous prenons quoi qu'il arrive. Au fond, il ne s'agit pas de savoir ce qui va arriver, nous ne pouvons pas le savoir. Par conséquent, il est inutile d'avoir peur. Il s'agit de savoir que notre caractère est tel que, peu importe l'issue, nous serons à la hauteur. Alors, nous serons heureux.

Mais on ne peut parler de rêves au grand jour sans aborder le royaume de l'ombre et de la nuit. De l'inconnu. Le rêve éveillé diffère du rêve nocturne.

La plupart des rêves que nous faisons endormis pourraient être constitués de souvenirs, des vieux fantômes d'événements passés et d'observations subliminales récentes recomposées en épisodes incohérents. Une explication parmi d'autres.

On a cherché depuis la plus haute Antiquité à interpréter les rêves. On a ensuite rédigé des dictionnaires d'interprétation. Et, selon les auteurs consultés, les plus renommés comme les plus farfelus, la grille de significations offre toutes les couleurs de l'arc-en-ciel. À chacun de brosser son tableau.

Je préfère, dans ce domaine, l'attitude d'un Jung qui développa une méthode personnelle d'interprétation des rêves qui, sans renier les apports du fondateur de la psychanalyse, essayait de dépasser ce qu'il considérait comme une fixation unilatérale sur la théorie de la libido. Pour Jung, le rêve ne peut s'expliquer, dans la plupart des cas, qu'à partir de lui-même, sans être réduit à des présupposés théoriques qui lui feraient dire autre chose que ce qu'il dit réellement. Dans cette optique, le rêve, produit de l'inconscient le plus profond qui cherche à se dévoiler, ne se comprend que dans l'effort de l'âme à être reconnue.

Mais nous avons abordé avec nos têtes blanches beaucoup plus les rêves d'avenir que les manifestations oniriques du passé. Disons que l'on s'est souvenu de nos anciens rêves d'avenir…

Quand on ose se rêver un avenir, immédiat ou lointain, on s'expose bien évidemment à l'échec, mais aussi, parfois, aux sarcasmes. Presque tous les inventeurs d'importance ont eu, un jour ou l'autre, à affronter le ridicule, l'opprobre et l'hostilité ouverte de leurs contemporains pour développer une intuition, réaliser un rêve, dont ils étaient convaincus. Sans toujours en voir l'éventuel retentissement. Les premiers informaticiens, par exemple, croyaient dur comme fer que les ordinateurs n'auraient que quelques applications scientifiques et militaires et qu'une dizaine suffirait à combler la demande du marché américain!

Le rêve s'apparente à une croyance personnelle ou collective. Une utopie. Ainsi, le XXe siècle fait apparaître le progrès pour ce qu'il est, une croyance. Croyance nécessaire peut-être, en ce qu'elle a pu cimenter, plus d'une fois, la volonté collective, mais croyance dont l'histoire nous a forcés à nous déprendre, à coups de désastres régressifs et de barbaries modernes.

Les rêves sont traversés par une dialectique utopie/contre-utopie, rêve/cauchemar; cette fois, cette dialectique ouvre grand l'arc du possible, entre le pire et le meilleur, convertit l'anticipation en avertissement lucide en déconstruisant les illusions du progrès. Du même coup, elle fait apparaître l'utopie comme un objet double, présentant une face radieuse et une face sombre.

Et l'unique façon de savoir si un rêve est un germe d'ombre ou de lumière, c'est d'aller voir. De le poursuivre. De le réaliser. C'est probablement le seul chemin qui permette aux voyages de rêve, aux pays de rêve, à la justice de rêve, aux amours de rêve de devenir simplement de vrais voyages, de vrais pays, une vraie justice, de vraies amours.

LA VOIX DE *Jacques Ste-Marie*

*Jeune comme adulte, avez-vous beaucoup rêvé
dans votre vie?*

Oui. Tout le temps, je pense. Je rêve que je fais toutes
sortes de choses, que j'expérimente.

Cela ressemble à des projets?

Ce n'est pas clair comme des projets mais j'aime bien me
placer dans la situation où j'ai des choses à faire. Dans un
sens, c'est un projet. Rien ne me fait plus plaisir que de
penser que j'ai tellement de choses à faire que je ne sais par
où commencer. Ça, c'est intéressant. Il m'est rarement
arrivé d'avoir des temps morts.

Je me rappelle la première fois où j'ai vécu cette sensation.
J'étais tout petit, nous habitions sur la 10ᵉ Rue. Je jouais
au camion et maman m'a appelé pour le dîner. Je faisais
quelque chose d'intéressant et j'ai eu tellement hâte de
revenir pour continuer. Je me souviens très bien de la sensation et c'est probablement ce que j'ai toujours recherché
par la suite.

C'est très plaisant d'avoir des choses à faire. Surtout que
maintenant, cela m'est intrinsèque. Ce n'est pas rattaché à
d'autres personnes. Je ne planifie pas plus loin qu'il ne

faut, mais j'ai toujours des choses intéressantes à faire.

Vivre dans le rêve fait partie des choses
à faire, pour vous?

En partie, oui. Parce que le rêve est un genre de projection. Ce ne sont pas des rêves absurdes. Remarquez qu'on peut en avoir aussi. Rien ne l'empêche. Mais le plus souvent, c'est de penser à ce que je vais faire et m'organiser en conséquence.

Les voix de l'expérience

LA VOIX DE *Claudette Pinard*

*Avec l'enfance que tu as connue, le rêve a-t-il
eu de l'importance pour toi? T'es-tu beaucoup
évadée par le rêve?*

Oh! Oui. Je me couchais tôt le soir pour rêver. Je couchais
sur le divan du salon. C'était petit chez nous, et nous
étions cinq. À l'époque, il n'y avait pas de télévision, les
gens écoutaient la radio dans la cuisine. Et à Sherbrooke,
l'électricité coûtait plus cher qu'ailleurs au Québec.

Maman raccommodait les bas, mon frère faisait ses
retouches de photos et nous faisions nos devoirs sur la
grande table de la cuisine. Dès que j'avais fini, j'allais me
coucher pour être seule et rêver. J'ai rêvé, j'ai rêvé. Souvent
aux pays chauds dont papa m'avait parlé dans ses histoires
fantastiques. J'aimerais tant pouvoir me rappeler les histoires qu'il m'a racontées. Je n'ai que des bribes. Il inven-
tait tout: les noms des personnages, les titres, les lieux.
J'imagine qu'il voyageait avec moi pour oublier sa maladie, parce qu'il était condamné et il le savait. Il est mort à
la maison.

J'ai beaucoup rêvé et je rêve encore. Je replace le monde,
je le refais au complet. C'est merveilleux de pouvoir rêver.

Tes enfants et petits-enfants, ils rêvent,
eux aussi?

Je le crois.

Tu penses qu'il est nécessaire pour l'être
humain de rêver?

Oui. Une fois j'ai fait un rêve que j'ai raconté à une amie. Elle m'a pressée de l'écrire avant de l'oublier. Je ne me suis jamais donné la peine d'étudier les rêves. J'ai pourtant acheté le gros livre de Yung recommandé par Jacques Languirand, lors de l'une de ses émissions. Je n'ai rien trouvé qui s'apparentait à mes rêves. [...]

Dans tes rêves éveillés, tu recrées-tu tou-
jours le même univers ou bien est-ce
éclectique?

Je pense que cela se ressemble beaucoup. Cela n'évolue pas tellement.

Les voix de l'expérience

LA VOIX DE *Luc Bureau*

Êtes-vous un rêveur?

Oui, j'en suis un. Je suis parfois allé au bout de mes rêves.
Je dois dire aussi que ma compagne m'a aidé à rêver. C'est
quelque chose d'important.

J'ai enseigné pendant sept ans au primaire et au secondai-
re, dans des classes à divisions multiples. Tout ce que
j'avais, c'était un bac en pédagogie. Petit à petit, le rêve de
poursuivre mes études s'est implanté. Je ne pouvais rêver
enseigner au niveau universitaire. Je ne voyais pas. Mais je
rêvais de décrocher une licence en géographie ou en histoire. J'ai failli bifurquer vers l'histoire, à un certain
moment. Puis, j'ai rêvé d'université.

Ma femme et moi avons fait toutes sortes de rêves
ensemble. Une fois, j'étais en année sabbatique et nous
vivions à Paris. Nous est venu le goût de nous acheter un
petit pied-à-terre, là-bas. Nous n'en avions pas les moyens.
Nous avons essayé de trouver ne serait-ce qu'une chambre,
juste pour dire que cela nous appartiendrait. Ce rêve s'est
réalisé il y a dix ans. Nous avons acheté un petit apparte-
ment à Paris, au pied du Pont-Neuf, endroit très straté-
gique, sur la rue Dauphine. C'est tout petit, mais nous y
passons de bons moments. Nous le louons aussi et il se
paie tranquillement. À un moment donné, il sera à nous.

Maintenant, nous rêvons d'aller en Corse. Nous rêvons aussi d'aller en Égypte. Je n'y suis jamais allé.

Et bien sûr, comme intellectuel, on fait toujours le rêve du livre parfait. [...] Si on n'était pas conduit par ce rêve, on aurait abandonné l'écriture, depuis longtemps. On est toujours déçu. Je l'ai été plusieurs fois. Si ma femme n'avait pas été là, j'aurais souvent *foutu* mes textes à la poubelle en me disant que ce n'était pas bon.

Je n'ai jamais fait de plan de travail. Je suis un mauvais planificateur. J'imagine que les mots vont inventer les mots et que les idées vont germer de l'écriture. C'est en écrivant qu'on finit par écrire, quoi. Et c'est toujours à la fin que je fais un plan. J'attends la fin pour rédiger mon introduction! C'est frustrant parfois. Tu cherches sans savoir ce que tu cherches. Tu avances.

C'est cela, rêver. C'est l'essence même du rêve.

Oui. J'aurais aussi aimé être musicien, apprendre la guitare, le piano. J'aurais aimé aller dans les soirées et faire le clown avec ma guitare. Je ne sais pas si j'en avais le talent.

Les voix de l'expérience

LA VOIX DE *Paul Ferron*

Quelle a été la part du rêve dans votre vie?

Importante, mais cela n'a jamais été très structuré. Ce n'est jamais un désir d'atteindre ceci ou cela. Mon rêve a toujours été gratuit.

En fait, je n'ai pas tellement rêvé. J'ai toujours vécu suivant ma force physique ou intellectuelle. Jeune, j'étais très petit. À l'âge de quatre ans, j'ai été malade pendant un an et je suis resté petit et vulnérable. On m'appelait Ti-Paul. Je ne pouvais pas jouer au hockey ou à la crosse. Dès que je me faisais rentrer dans la bande, j'étais aplati.

Psychologiquement, j'ai cherché à vivre à mon rythme, suivant mon goût et mon bonheur de vivre, sans bousculer les montagnes.

Donc, quand vous rêviez, vous le faisiez en laissant aller votre imagination comme la folle du logis, librement. Mais n'avez-vous pas l'impression que nous nous sentons obligés de nourrir cette faculté de rêve par des apports extérieurs? Je pense au cinéma, à la littérature, aux émissions de télé, de radio, etc. Et si notre imaginaire était à la solde des fabricants de produits culturels...

Évidemment, il y a aujourd'hui beaucoup plus de moyens de faire rêver qu'auparavant. Toutes les technologies y concourent. Est-ce que cela fait rêver plus longtemps, plus densément, plus profondément? Je ne sais pas, je ne crois pas. L'individu reste le même. C'est la base. La quantité de neurones impliqués dans ces voyages ludiques reste la même pour tout le monde.

Il y a des gens qui ne rêvent jamais et d'autres qui sont toujours en rêve. Les créateurs rêvent plus. C'est pourquoi ils créent.

Je me demandais si notre imaginaire n'était pas orienté par le marché du produit culturel, par ce que l'on voit à la télévision, par exemple. Tout le monde rêve en même temps d'être Émilie, en regardant l'émission Les filles de Caleb. *Tout le monde rêve d'être un joueur de hockey en regardant l'émission* Lance et compte.

Oui, mais c'est normal. S'il y a une base structurelle derrière cela, je ne pense pas qu'il y ait beaucoup de rêve. Il y a trop de temps perdu. Quand un enfant ou un adolescent passe trois heures devant la télé à regarder ce que j'appelle des niaiseries, il n'apprend rien, pendant ce temps.

Ceci dans la mesure où le rêve représente quelque chose que l'on veut faire ou changer dans sa vie. Rien n'a été fait sans d'abord avoir été rêvé. Quand on a

une maison comme celle-ci, on l'a
d'abord rêvée. On l'a désirée.

Oui. Nous l'avons désirée dans le but qu'elle se réalise.

En fait, vous disiez qu'il est peut-être
mieux de rêver «pour vrai», de se laisser
aller à la rêverie, plutôt que d'être passif.
Oui, plutôt que de gober toujours sans donner.

Côté politique, je n'ai jamais été un rêveur même quand j'étais candidat aux élections et que j'ai été membre des différents partis, si marginaux fussent-ils. [...] Je ne rêvais pas de prendre le pouvoir. Je manifestais une pensée politique en espérant que cela aide un peu. C'est tout.

LA VOIX DE *Georges Robert*

La part du rêve, maintenant.

C'est essentiel. C'est quelque chose d'extraordinaire.

Je lis beaucoup les poètes. Je les trouve de moins en moins brillants dans l'ensemble. Ils ont de l'imagination, ils sont intéressants mais il y a un souffle qui ne passe pas. Chez nombre de poètes québécois autant que chez les autres. Cette recherche d'atmosphère (pas d'un mirage, ce serait dangereux) qui vous porte, vous enlève, vous fait monter au-dessus de la condition humaine, laquelle n'est pas toujours détestable, est essentielle. Mais elle présente ses côtés forts et ses côtés faibles.

Je considère comme très très important de pouvoir réserver une place au rêve, par la poésie, l'imagination, le théâtre (je parle d'une pièce de théâtre qui vous a touché suffisamment pour vous rester après et vous sortir de votre quotidien). Et nous devons savoir alimenter et entretenir cette part de rêve, comme nous devons alimenter le feu. Si vous ne mettez pas de bûche de temps en temps, ne soyez pas surpris d'avoir froid un peu plus tard.

Il y a des gens qui ont une propension au rêve. Cela ne veut pas dire qu'ils sont rêveurs. Ils savent rêver, tout en étant capable d'accomplir des tâches structurées au moment opportun.

En lisant un beau poème, en entendant un air, ils rêvent à ce qu'ils ont fait ou auraient pu faire, et sont tout à fait satisfaits de cette imprégnation. Sans tomber dans la nostalgie pour autant.

La nostalgie n'est pas à l'opposé du rêve. Je pense que c'est un rêve malsain.

Peut-être est-ce pour cela qu'il vaut mieux rêver «par en avant» que «par en arrière», dans le temps.

Oui. La nostalgie est un rêve stérile, puisque tant qu'il ne s'est pas produit, un rêve n'est pas stérile. Il va peut-être vous emmener vers ce à quoi vous rêvez ou vous en rapprocher.

Je pense que sur ce point nous avons encore beaucoup à apprendre des enfants qui, eux, rêvent toujours «par en avant», à des choses qui vont leur arriver ou dont ils souhaitent qu'elles leur arrivent. Les enfants ne rêvent pas «par en arrière».

Non, non. Ils sont à l'image de l'avenir. Pour eux, le présent est déjà le passé. Alors que, très souvent, nous, les adultes, nous accrochons au moment présent pour qu'il ne devienne pas le passé. C'est la pire erreur qu'on puisse faire. Le moment présent est déjà du passé. La phrase que je viens de terminer, je vous l'ai dite et je ne pourrais même pas vous la répéter.

Pourriez-vous développer un peu cette idée? C'est nouveau pour moi. En vieillissant, on aurait tendance à s'accrocher au présent justement pour qu'il ne devienne pas du passé, pour arrêter le temps finalement?

Ou bien il y a ces gens qui se plongent dans le passé pour ne pas voir le présent qui n'est pas toujours très agréable. Et ne pas envisager l'avenir parce qu'il comporte des menaces qu'on ne veut pas voir. On s'imagine qu'en n'en parlant pas, elles n'existent pas. Ce n'est pas vrai.

Quand vous rêvez, vous rêvez à quoi?
Je parle de rêve éveillé.

Je rêve à ce sur quoi j'écris. La place de l'homme. Aussi bien l'homme relié à l'organisation des sociétés que l'homme tout seul, en tant qu'être. Je rêve à comment découvrir toutes les beautés qui peuvent exister à côté de certaines horreurs. Toutes les beautés qu'il peut y avoir dans la recherche et l'accomplissement de la vie d'un être humain normal. Je ne parle pas d'être exceptionnel.

LA VOIX DE *Suzanne Labrie*

Vous avez dit que vous pouviez rêver, que vous pouviez être dans les nuages, mais que vous pouviez aussi en descendre. J'aimerais que vous en parliez davantage. Avez-vous toujours été comme cela?

Oui. Quand je brode, je pense à toutes sortes de projets, à ce que je ferais si je gagnais un gros montant à la loterie. Je ne suis pas une joueuse, mais j'aime la loterie. D'ailleurs, je gagne assez souvent mais jamais de grosses sommes. [...]

J'ai déjà rêvé d'acheter un terrain avec mon groupe de femmes. Nous y construirions une habitation dans laquelle nous pourrions toutes loger et avoir beaucoup de plaisir ensemble. Ce serait une commune ou l'équivalent, mais avec des portes fermées.

Je sais que ce serait possible sauf que cela prendrait un gain de deux millions, pas plus. J'en donnerais juste assez à mes enfants pour qu'ils ne deviennent pas fous. Je veux qu'ils travaillent jusqu'à l'âge de la retraite, comme tout le monde. Je suis certaine que ce serait possible. Je pourrais gérer la bâtisse et tout.

Après, je descends de mon piédestal et je suis contente d'avoir rêvé pendant un petit bout de temps. Ensuite, je pense à autre chose.

Vous avez toujours pu entrer dans vos rêves et en sortir aussi facilement? Sans trop de dommages?

Oui. Jamais de dommages parce que la vie y a toujours pourvu. Je ne suis pas déçue.

Tout le monde rêve de gagner le million mais rares sont ceux auxquels cela arrive. Et si je gagnais, je sais déjà ce que je ferais avec l'argent, tout est déjà pensé dans mes rêves. Et j'irais tout de suite m'acheter une paire de lunettes et une perruque pour qu'on ne me reconnaisse pas. Ainsi, les gens pourraient prendre toutes les photos qu'ils veulent, je m'en fous. Personne ne saurait que c'est moi! Il y a trois Suzanne Labrie à Montréal. Ils penseraient que c'est une autre. Je prendrais le temps de faire ce que je veux. [...]

Ce sont mes genres de rêves.

Quand vous parlez à vos enfants ou à des amis de leur génération, vous constatez qu'ils rêvent à quoi?

Il me semble que ma fille est la seule à rêver. Je n'ai jamais entendu mes fils parler de leurs rêves. Je me demande s'ils en ont. Leur père ne semble pas rêver, lui non plus.

L'aînée de mes petites-filles a des rêves: elle pense aller à l'université. Un de ses oncles veut lui donner de l'argent afin qu'elle continue ses études. Sauf qu'elle ne rêve pas fort parce qu'elle ne semble pas encore savoir dans quel domaine étudier! Si on

Les voix de l'expérience

m'offrait une telle aide, je saurais tout de suite quoi faire.

Êtes-vous en train de me dire que cette génération ne rêve pas assez?
En fait, je me demande si elle rêve.

Cette génération aurait l'impression d'avoir devant elle un horizon déjà bouché ou quelque chose de ce genre?
C'est pourquoi je dis toujours aux gens que s'ils brodaient ils réaliseraient qu'il y a place pour le rêve dans leur vie. Ils auraient le temps de penser. Pas aux mauvaises choses, parce qu'ils gâcheraient leur travail.

Que voulez-vous dire par mauvaises choses?
Je parle de l'appréhension de maladies ou d'événements malheureux. À soixante-cinq ans et plus, on pense plus souvent à cela qu'à autre chose. Pour moi, c'est le contraire. La broderie est une échappatoire. Je rêve ou je suis bien, tout simplement.

Je brode souvent en écoutant la télé d'une oreille. Je peux suivre les émissions avec du recul, cela me tient occupée. […]

LA VOIX DE *Gaétane Cloutier*

Vous êtes-vous beaucoup réfugiée dans les rêves?

Dans l'amour surtout. J'étais une femme de plaisir.

Vous souvenez-vous à quoi vous rêviez?

J'avais tout (maison, argent, un bon mari plombier et électricien qui réparait tout, de beaux enfants), sauf l'essentiel. Parler, communiquer, dire mes sentiments. C'est pour moi une nourriture indispensable. Donc, je me voyais pauvre, dans une mansarde, avec beaucoup, beaucoup d'amour, libre de parler et dire mes émotions.

LA VOIX DE *Kittie Bruneau*

Avez-vous beaucoup rêvé dans votre vie? On dit toujours que les artistes rêvent beaucoup.

C'est une drôle de chose. Je n'ai pas l'impression d'avoir beaucoup rêvé dans ma vie.

À un moment donné, je faisais beaucoup de peinture avec des gens qui flottaient dans l'air. Tout se passait dans le ciel et ils disaient que c'étaient des rêves. Je leur disais que non. Il ne pouvait me venir à l'idée de comprendre ce qu'était un rêve. J'ai alors fait l'expérience de l'acide pour essayer de comprendre et cela a ouvert des portes.

Vous rêvez encore aujourd'hui?

Non, je ne prends pas d'acide. Je n'ai jamais rêvé.

Quand on adhère au bouddhisme ou que l'on fait une recherche spirituelle, on ne rêve pas. On vit au moment présent. Toujours. Ici et maintenant. Cela exclut le rêve.

Depuis longtemps, je ne rêve plus. Cela n'exclut pas les projets. La méditation m'apporte de nouveaux projets. Cela met de la clarté dans mes idées.

Vous dites que rêver peut être nuisible?

Oh! oui! Cela peut vous arrêter complètement. Les gens qui rêvent sont souvent déçus ou amers parce que ce dont ils ont rêvé ne se réalise pas.

Et le «ici et maintenant», vous arrivez à l'intégrer, à bien le vivre?

Depuis quelques années, oui. De plus en plus, parce que j'ai fait toute une démarche.

Cela n'arrive pas tout d'un coup. Cela peut prendre dix ans. Pendant tout ce temps, on se voit aller, comme si on était son propre double. Dès que l'on s'écarte du chemin, on se rappelle à l'ordre.

La voix de *Jean-Pierre Lefebvre*

*Quand tu étais jeune, quelle était la fonction
du rêve dans ta vie?*

Je ne sais pas trop. J'ai l'impression que dans notre systè-
me d'éducation il fallait se méfier des rêves. Tu parles de
rêves en général?

*On parle de rêve éveillé aussi. Tu es dans le
champ et tu rêves à...*

Eh bien, j'ai rêvé très tôt. Je ne sais pas si je rêvais dans
mon sommeil et je ne sais pas si je rêve dans mon sommeil. Peut-être que ce sont là des portes que j'ai toujours
gardées fermées.

Je rêve sûrement, comme tout le monde. Des fois je me
rappelle de bribes, mais je n'ai pas l'impression d'être un
grand rêveur en dormant.

Alors parlons de rêve éveillé.

Très jeune, j'ai eu le rêve de voler. C'était l'aviation. Je
voulais devenir pilote. Et encore, la plus belle chose qui
puisse m'arriver, c'est de voler. J'adore. C'est des vacances
pour moi.

Pilotes-tu, finalement?

Non je ne pilote pas. J'aurais dû le faire quand j'enseignais en permanence à l'université parce que ce n'était pas cher.

J'ai tellement vécu avec des croûtes financières que je n'ai jamais osé en me disant: «Si je pilote, un, je vais vouloir acheter mon avion, deux, je vais en louer un.» [...]

Alors j'ai laissé à d'autres de mes collègues, qui ont travaillé en publicité, le soin de se payer leur rêve. [...]

Je vais te poser la question différemment. Est-il arrivé dans ta vie que le rêve soit un refuge?

Probablement. Comme la poésie a d'abord été un refuge à l'âge de dix ou onze ans. Comme c'est encore un refuge.

J'ai toujours un peu honte de montrer mes poèmes. C'est comme si la société ne m'acceptait pas en tant que poète: «Bien non, Lefebvre. Tu es cinéaste. Alors, cela suffit!»

Un tiroir à la fois.
Et un tiroir par citoyen.

Oui. Le rêve a sûrement été une évasion. Parce que j'ai toujours eu de la difficulté à accepter le réel, en fait, l'environnement réel.

Quoi que les gens en aient pensé à l'époque, ma famille était très malheureuse. Les relations y étaient très tendues et j'ai subi cela très jeune. Surtout, il y avait cette grand-mère épouvantable, mesquine, méchante. J'ai fermé les portes à tout cela voyant que ça détruisait la famille. Et ça l'a détruite.

Quand tout ce qui te reste de l'histoire des tiens, ou à peu près, ce sont des albums de photos dont la plupart sont à demi déchirées parce qu'on a voulu en enlever une partie, c'est un élément très caractéristique. Ce fut ainsi.

À ta souvenance, est-ce que les adultes d'alors se méfiaient d'un enfant qui pouvait rêver trop facilement dans son coin?

Je pense qu'on m'a abandonné à moi-même. On ne s'est pas du tout posé cette question-là. La preuve c'est qu'on m'a foutu au collège classique lorsque j'avais dix ans. Pensionnaire pendant huit ans.

Je me demande comment les parents faisaient pour laisser à de purs étrangers, pendant huit ans, le soin de pourvoir à ta vie, à tous les niveaux (si on pense seulement à l'alimentation, c'était épouvantable. Ce n'est certainement pas là que j'ai appris à bien manger!). De mon côté, je passe beaucoup de temps avec mes enfants. Je les vois tous les jours. Et s'il y en a un qui doit s'absenter pendant quelques jours, je m'en ennuie.

Comme je l'ai déjà conté au sujet de ma mère, je suis un accident. J'étais supposé être un kyste. On a failli l'opérer et l'on s'est rendu compte qu'elle était enceinte. Elle a commencé à être très très malade. Avant, pendant ma naissance, après. Je pense que je suis devenu le petit espoir de maman, elle qui m'a tout donné.

J'ai fait des voyages en bateau extrêmement importants avec elle, à l'âge de dix ou onze ans. Plus tard, plusieurs de mes collègues croyaient que j'étais homosexuel parce que j'aimais beaucoup trop ma mère. On vivait tout ça. C'est aussi pourquoi je cachais ma poésie. Parce qu'au collège, poésie égalait homosexualité. Cela allait ensemble.

J'ai eu la chance de ne pas être rabroué dans mes rêves et dans mon évasion. Au contraire, on a dit: «On s'en débarrasse.» Mon père était un peu en dehors de mon éducation (comme les pères l'étaient toujours à l'époque, soyons francs). Et maman a dit: «Qu'il en profite!» La preuve très tangible de cela, c'est qu'à vingt et un ans j'ai voulu aller en Europe et que j'y suis allé. Voir des films car ici, il n'y avait pas d'école de cinéma.

Mes parents étaient morts tous les deux, l'année précédente. Et il était dit dans le testament de papa que, pour fins d'études, je pouvais demander une part égale à chaque enfant (nous étions quatre). Donc j'ai demandé de l'argent à chacun pour aller, à Paris, étudier le cinéma. Mon frère a dit non. Je n'ai pas eu l'argent de famille. Mais maman m'avait secrètement mis de l'argent de côté. Deux mille dollars dans un compte en banque, au cas où je voudrais aller étudier en Europe. Elle avait donc senti beaucoup de choses.

Je dois payer (j'ai payé toute ma vie et je le paie plus que jamais) le fait de n'avoir pas été frustré dans mes rêves.

LA VOIX DE *Pierre Dupras*

*Qu'est-ce qui te faisait vraiment rêver quand
tu étais jeune?*

Essentiellement, les grands artistes. J'enviais leur destin. Il
y avait même un aspect «poète maudit» qui me fascinait,
il fallait souffrir un peu pour être un grand artiste.

Je n'ai jamais rêvé d'être puissant au sens où on l'entend
habituellement. Je n'ai jamais rêvé d'être général d'armée,
pilote de chasse ou président de la république. Je voulais
qu'on me reconnaisse et être célèbre à cause de mon art.
Mais je n'étais pas du genre m'as-tu-vu disant à tous: «Je
suis le meilleur, le plus grand.»

Par contre, je dois intérieurement être persuadé que je suis
le meilleur, sans quoi j'irais vernir ou polir les sculptures
de quelqu'un d'autre ou j'abandonnerais mon travail. En
me disant que je donne toujours le meilleur de moi-
même, je suis le meilleur. Sinon je ne crée pas. C'était cela,
mon rêve.

J'ai beaucoup admiré les artistes du côté sombre de la création comme Van Gogh et Rembrandt […]. L'atmosphère
de clair-obscur m'attirait. À dix-sept ans, j'aurais aimé être
Van Gogh, faire une œuvre immortelle, souffrir, etc. À
soixante, j'aurais aimé être Paul Elleu, peintre du temps de

Van Gogh et dont on ne parle plus aujourd'hui. Il vendait tellement qu'il produisait des peintures comme on produit de la saucisse. Il avait les moyens d'avoir un voilier pendant trois mois sur la Méditerranée et d'engager un équipage de huit marins à plein temps. Il me semble que j'aurais été plus heureux.

Vient un temps où tu te fous de la postérité.

On voit à quoi tu rêvais quand tu étais jeune. À quoi rêvent les jeunes maintenant?

Cela, c'est beaucoup plus difficile à dire. Ils ont des rêves. Je crois que cela n'a pas énormément changé. Mais on a l'impression qu'ils ont plus de moyens pour les réaliser.

Voici un exemple qui m'a toujours frappé. Quand j'avais entre quinze et vingt-cinq ans, une carrière à la télévision m'aurait intéressé parce qu'il y avait de l'image. D'ailleurs, j'en ai fait un petit peu avec Henri Bergeron, des émissions de jeunes. J'avais même conçu quelque chose dans le domaine du loisir artistique pour la jeunesse. Or, on ne voyait pas de jeunes à la télé à cette époque ou c'était rarissime. Regarde tout ce qui leur est maintenant offert côté musique, côté télévision ou théâtre.

Il y a tellement de domaines dans lesquels ils peuvent créer. On a l'impression qu'ils sont plus nombreux qu'avant tout en sachant très bien que c'est le contraire. Il y a plus de vieux que de jeunes. Mais on voit les jeunes partout et c'est une très bonne chose.

J'aimerais avoir vingt ans aujourd'hui, mais je vivrais des angoisses épouvantables. Je le sais. Et

Les voix de l'expérience

l'angoisse est une des choses les plus inconfortables qui existent.

Cela signifie que si des jeunes ont un caractère semblable au tien, ils vivent aussi des angoisses.

Sûrement.

La voix de *Guy Duckett*

Vous avez presque quatre-vingts ans. Avez-vous beaucoup rêvé pendant cette vie?

Pas vraiment, je ne suis pas un rêveur. Je suis un homme de concret et de devoir, un bûcheur. Pas un rêveur.

Vous n'avez pas rêvé d'une carrière, d'une fortune ou de je ne sais quoi?

J'ai rêvé d'une carrière plus intéressante, oui. Mais pas d'une fortune. L'argent n'a jamais été quelque chose d'important pour moi. Des fois, je le regrette. J'aurais pu faire beaucoup mieux si l'argent m'avait intéressé.

En vieillissant, vous arrive-t-il de rêver à rebours, au temps passé?

Oui, cela m'arrive. Finalement, je pense que j'ai été heureux tout en étant malheureux parce que j'ai eu tout ce que j'ai vraiment voulu. Réussir, finir mes études, voyager. J'ai fait tout cela. D'ailleurs, je continue. Je fais encore du sport, je voyage encore. Je trouve que j'ai été gâté.

Mon mariage est la seule chose que j'ai raté dans ma vie.

LA VOIX DE *Jacques Boucher*

Toute votre vie, vous avez été près de l'expression artistique. Vous l'êtes maintenant davantage. Est-ce que cela fait partie de vos rêves ou bien le rêve est-il autre chose pour vous?

Je pourrais dire que j'ai rêvé d'être un grand médecin ou un grand musicien, un grand chef d'orchestre. Cela s'est pratiquement réalisé puisque j'ai dirigé une chorale pendant cinq ans. Prendre un groupe et produire de la beauté me passionne. Nous avons donné plusieurs concerts. Je regrette un peu de n'être pas devenu chef d'orchestre. Ce rêve ne s'est pas réalisé.

Vous arrive-t-il encore de rêver?

Oui, que je vais être chef d'orchestre! Je crois que ce serait accessible. Mais pour le moment, cela reste un rêve.

LA VOIX DE *René Derouin*

Pour toi, cela a-t-il toujours été important de rêver?

Oui, et à cause de ma santé délicate, j'ai dû rêver plus que d'autres. Je ne peux pas dire que je suis un rêveur institutionnel, parce que je rêve de faire quelque chose, et souvent, je le réalise. Comme le disait Henry Miller, tu dois être conscient que le rêve va se réaliser.

Fais attention à ce que tu désires, tu pourrais bien l'obtenir, quoi!

J'ai voulu faire une fondation, j'ai fait une fondation. Maintenant, je suis pris avec. Il y a un conseil d'administration, du financement, des demandes. Cela devient une responsabilité publique et sociale. Je suis un artiste connu, je le voulais. Une responsabilité en découle.

En grande partie, j'ai réalisé ce que j'ai voulu faire. Je ne rêvais pas tout le temps. Au niveau de la réalisation, il faut sortir du rêve pour le voir s'incarner. C'est beaucoup de batailles, beaucoup de planification.

Il y a un temps pour le rêve dans la mesure où on le concrétise un jour. Autrement, si l'on vit dans un monde qui n'existe pas, cela devient presque de la schizophrénie.

C'est ça.

Je vis ici dans une grosse communauté d'artistes. Il y en a plusieurs semblables. Nous ne vivons pas tous en même temps des mêmes situations.

J'ai vu beaucoup de gens rêver à leur vie, à leurs projets, dont ils savaient qu'ils ne se réaliseraient pas. Cela cause beaucoup d'amertume. Des gens qui ont plus de talent que moi pourtant. Non réalisé. Ils vivent dans la fatalité du «si j'avais»: «Si j'avais voyagé, si j'avais eu une subvention…» J'ai souvent entendu ces phrases.

Je me disais: «Si je voyage, c'est parce que je le veux. Si je me construis une maison, c'est que je le veux.»

Je me suis battu et j'ai pris les moyens pour le faire. Mais j'ai l'impression de vérifier la réalité de mon désir ou de mon rêve seulement au moment où je l'accomplis. Sinon le rêve n'avait pas lieu d'être. Ce n'est pas une vie, pas une existence.

C'est comme de rêver à un enfant et de ne pas l'avoir. Tu découvres la vie et l'univers des enfants (les couches, terrains de jeux, école etc.) seulement si tu en as. Tu découvres aussi la façon dont la société est structurée, jusqu'à l'Église. Parce que dans un petit village comme celui-ci, tu étais obligé de faire baptiser ton enfant (je parle d'il y a vingt-cinq ans). Les enfants nous donnent notre insertion sociale.

J'avais le désir de construire une maison. Tu ne peux pas savoir ce que cela a fait dans le village.

J'ai connu tous les fournisseurs de matériaux, tous les ouvriers de la construction. Et cela m'a intégré

Les voix de l'expérience

R*êver*

dans la communauté. Et puis les gens disent: «Lui, il a fait sa maison. Elle est très spéciale.» C'est une part de mon identité, mais c'est aussi une part de l'échange avec l'autre. À toujours avoir rêvé de ma maison sans la bâtir «pour de vrai», je ne serais jamais arrivé à savoir ce qu'est la société.

Et ton insertion sociale utile t'importe.

Oui. Mon rapport avec le social est très incarné, très enraciné. Dans le village, plusieurs personnes travaillent pour moi parce que je fais des projets: un menuisier, quelqu'un en communication et plusieurs autres. J'ai un rapport direct avec eux, à cause des projets.

Dans une société, il se crée une relation humaine, une amitié, parce qu'il y a un rapport. C'est aussi parce que le rêve, l'idée se réalise. Et quand le projet d'exposition arrive à Montréal, ils viennent tous un peu avec moi. Ils y ont tous un peu travaillé. L'affaire est là, comme un chantier complété. Ce n'était pas qu'une idée.

Donc, c'est important pour eux aussi parce que c'est un rapport avec l'art. Ce qu'ils regardaient tantôt avec un œil bizarre, ils le voient maintenant différemment. Ils y ont travaillé.

Oui et ils se sont rendu compte que l'art, ce n'est pas compliqué. Depuis vingt ans, le menuisier fait les structures de bois, les encadrements pour moi. Il ne connaît pas l'art, il est journalier, menuisier. Mais le rapport avec cet homme est extraordinaire. Je n'aurais pas fait cette œuvre sans lui. C'est un grand technicien du bois. À tel point que je me suis

51

départi de tous mes équipements pour le travail du bois dès le moment où le l'ai connu. Il était tellement plus habile et qualifié que moi. [...]

C'est curieux. Quand je pense à ma vie, j'ai l'impression de l'avoir rêvée. Pourtant non. Tout le monde me reconnaît comme étant quelqu'un de Val-David, qui y a sa maison, sa famille, qui vit économiquement ici et fait de vraies choses. Je paie mes impôts, j'existe, commercialement parlant. Ce n'est pas qu'un rêve.

Les gens s'imaginent souvent que les artistes ne sont que des rêveurs, toujours au café en train de prendre un verre. Cela existe aussi, mais c'est le cas de ceux qui sont amers. À Val-David, il y a un développement de ce type de cafés. Les gens rêvent de la vie d'artiste, pensant que cela se fait au café.

Des gens qui discutent du roman qu'ils n'ont jamais écrit.

Oui. Il y a des poètes, des écrivains et tout. Ce sont des gens extrêmement sympathiques mais tellement pris dans leur rêve d'être un jour écrivain. Quand tu es écrivain, tu publies des livres. C'est un gros effort, faire un livre.

Tu prends moins de café et achètes plus d'encre!

C'est un tel effort, faire un livre, que tu le deviens, écrivain. C'est comme d'être artiste. Je travaille tous les jours. Le résultat n'arrive pas tout d'un coup, par la poste.

Les voix de l'expérience

LA VOIX DE *Jacques Rouleau*

*Je suis certain que vous avez beaucoup rêvé
dans votre vie, imaginé un avenir immédiat,
plus lointain ou à moyen terme. Pour accomplir tout ce que vous avez fait, votre travail, il
me semble qu'il fallait rêver, non?*

Je suis le rêveur par excellence. Je suis très bien seul. Je vis
très bien. Je peux passer des semaines complètes dans la
solitude. À ce moment, la part du rêve est considérable.

*Et quand on vous voit assis dans un coin, tout
seul dans votre beau jardin des Cantons de
l'Est…*

Vous ne me verrez pas assis dans un coin.

*Vous devez faire quelque chose, être occupé
quelque part. Mais est-ce possible que l'on
vous voie dans votre jardin alors que vous vous
voyez au pied des pyramides d'Égypte? Jouez-vous encore à ce type de rêve?*

Oui, et très sérieusement depuis que j'écris. Je vis tellement dans mes personnages que ma femme devient
furieuse contre moi. À ce point.

J'arrive à table après avoir passé l'avant-midi à écrire dans mon atelier et je suis incapable de me sortir de mon histoire. Ma femme me parle et je ne l'entends pas. Elle doit me toucher pour que je réagisse. Comme elle a passé l'avant-midi toute seule, elle aimerait beaucoup que je lui parle. Elle n'est pas dans le roman, elle est dans la maison ou dans son jardin. Quand nous nous rencontrons durant les repas, elle aimerait donc que nous communiquions un peu.

Mais je ne peux pas facilement le faire. Il m'arrive même de me lever au beau milieu du repas pour aller écrire une phrase qui m'est tout juste venue à l'esprit. C'est le comble de la frustration pour elle. Je dois être un gars bien ennuyant!

En vieillissant, avez-vous l'impression que ce type de rêve est aussi un refuge face à une réalité qui plaît beaucoup moins qu'avant?

Peut-être bien. Dans ce cas, le golf, pour ceux qui en jouent, peut en être un tout autant que l'écriture l'est pour moi. Je n'ai pas trop réfléchi à cela.

Cela revient un peu à ce que nous disions plus tôt. Si c'est un refuge, c'est que la réalité du moment n'est pas toujours agréable à vivre lorsque l'on vieillit.

La réalité est quand même agréable à vivre en vieillissant à la condition d'être occupé. Est-ce que cela ne serait pas justement la réalité que d'écrire? S'imaginer une histoire et essayer de la coucher sur papier?

Les voix de l'expérience

Ce n'est pas de la schizophrénie, c'est une activité.

Il me semble que c'est un travail concret qui vaut n'importe quel autre. Le faire à vingt ou trente ans, c'est correct. Mais le faire à soixante-dix, est-ce un refuge?

LA VOIX DE *Louis Laplante*

Dans votre jeunesse et, plus tard, dans votre vie d'adulte, avez-vous été un homme qui a beaucoup rêvé?

Oui. Pour moi, le rêve est la qualité de la vie à venir. Ce n'est pas l'illusion, c'est ce que tu seras plus tard.

Je crains une chose dans l'éducation des enfants d'aujourd'hui: on est tellement cartésien dans l'approche de la vie que l'on donne aux enfants qu'on les empêche de rêver. Empêcher toute une génération d'enfants de neuf à douze ans de rêver donnera, dans vingt ou trente ans, des gens qui n'auront pas réalisé leurs rêves.

Il faut nourrir cette faculté.

Oui. Donner aux enfants la capacité de rêver.

J'ai acheté une maison de campagne pour que mes enfants sachent ce qu'est un cheval, une vache, des mouches. Qu'ils sachent qu'une guêpe ne pique pas toujours. Cela peut même être agréable si on est en dessous d'un pommier en fleurs et qu'on la regarde butiner. Être près de la nature alimente le rêve, et c'est important.

Oui, parce que si rêver nous fait penser
à ce que nous allons devenir, ne pas
rêver risque de nous mener à ne rien
devenir.

Absolument. Et pour moi, le rêve, c'est l'imagination. Encore aujourd'hui, j'essaie de m'endormir en pensant au rêve que je ferai pendant mon sommeil. J'imagine vraiment toutes sortes de choses.

Donc vous le faites encore.
C'est nécessaire.

Oui. Je trouve que cela me donne des idées.

Les voix de l'expérience

LA VOIX DE *Solange Chalvin*

Avais-tu tendance, toute jeune, à te réfugier dans le rêve? Le rêve éveillé, j'entends.

Oui, et même encore maintenant. Je pense que c'est une chose qui nous tient en vie. Je pense que le rêve est très important. Sans lui, toute une partie de nous ne se développerait pas. Le rêve nous aide à solutionner plusieurs problèmes. C'est mieux que tout.

Ah! oui? En les solutionnant dans le rêve, tu arrivais ensuite à les solutionner dans la vie concrète?

Oui. Combien de fois me suis-je couchée le soir sans avoir réussi à trouver un titre ou un «chapeau» à un article? Je dormais là-dessus. Sans doute du travail se faisait pendant la nuit puisqu'au réveil, le lendemain matin, le titre me venait tout de suite. Cela t'est certainement arrivé souvent, à toi aussi. Tu ne peux pas dire que le rêve ne nous rapporte pas. Et pourtant ce n'est pas très conscient.

Les plus belles réalités que l'on réussit à vivre, et pour commencer les voyages, il faut d'abord les rêver.

Cela, c'est sûr. Parce que pour un voyage, je dirais qu'il te faut six mois de préparation. Et après tu en parles pendant six mois!

En nous écoutant, je me dis que le rêve, finalement, c'est le désir. Désir du voyage, d'un bon repas, d'une rencontre.

Exactement. Ou de terminer un travail, comme on le disait tantôt. Cela fait partie de nos ambitions. Nous voulons finir un travail, mais nous n'y arrivons pas. Nous rêvons à la solution et nous la trouvons.

On a beaucoup entendu la typologie habituelle selon laquelle les gens d'affaires vont rire d'un poète ou d'un écrivain parce que c'est un rêveur. Cela devrait être retiré du langage, parce que qui ne rêve pas ne réalise rien non plus. Les grands inventeurs, les grands industriels ont d'abord rêvé leur succès.

Je suis persuadée que les hommes d'affaires à l'air pur et dur (non, je retire pur!) rêvent à des moyens de faire de l'argent, toujours plus. De toute façon, ils ne pensent qu'à cela dans la vie. Ils doivent bien y rêver de temps en temps. C'est faux de dire qu'ils ne rêvent pas.

C'est facile de traiter les autres de rêveurs. Et j'ajouterais que ceux qui ne rêvent vraiment pas et qui veulent être tout à fait cartésiens doivent être malheureux comme des pierres.

La sauce doit être mince sur le bifteck!

Je te jure! Si tu regardes ta vie du matin au soir et que cela ne dépasse jamais ce que tu as fait dans ta journée, c'est à se demander si tu vivras cent ans. [...]

En fait, de plus en plus de gens vivent jusqu'à cent ans ou presque. Je le vois régulièrement dans mon quartier de Côte-des-Neiges. Des gens qui demeurent seuls. Il faut le faire à quatre-vingt-dix, quatre-vingt-quinze ans. Ils n'ont besoin que d'un petit coup de pouce pour aller à la banque, à l'hôpital ou faire quelques courses. C'est tout. Ils vivent seuls et se font à manger, à cet âge! Ne leur parle surtout pas des centres d'accueil. Ils ne veulent rien savoir. Et ils ont tout à fait raison. Je suis bien d'accord.

S'ils sont en santé. Ils ne nuisent à personne. Même s'ils perdent un peu d'autonomie. Mieux vaut en perdre un peu et garder ce que tu as. De plus, ils ne coûtent pas cher à l'État, par rapport à ceux qui sont dans les centres d'accueil. Il faudra bien que l'État finisse par le reconnaître.

Ces gens font leur petite vie dans leur maison payée et ils paient leurs taxes. Jusqu'à leur mort.

Ils vivent dans leur monde, leurs livres,
leurs objets, leurs rêves, leurs photos sur
les murs.

Oui, et ils sont souvent très seuls. Un gros problème à combattre, c'est la solitude de ces personnes-là. C'est beau de vieillir en santé. Mais quand tu es tout seul, ce n'est pas drôle.

Que peut-on faire pour cela?
Organiser des services à domicile. Aller les visiter, les promener. Les accompagner chez le médecin ou aux magasins.

Il y a des gens qui ne demandent qu'à faire le tour d'un pâté de maisons pour voir les feuilles à l'automne. Pourquoi ne pas faire une promenade, prendre un café au coin avec eux et les ramener ensuite à la maison? Cela devient un événement pour eux. Toute leur journée s'en trouve changée. Ce n'est pas compliqué et, honnêtement, cela ne coûte pas très cher non plus.

En vois-tu, de ces gens très âgés par rapport à nous qui ne sommes qu'un petit peu âgés, qui se convertissent à l'ordinateur, à Internet?
Tout à fait. J'en connais au moins trois. Tu sais pour quelle raison? Ils l'ont fait pour envoyer des courriels à leurs enfants qui vivent dans un autre pays. Parce qu'écrire devient difficile à quatre-vingts ans et plus. Au fond, ils ont appris peu de choses. Ils ont un petit ordinateur. Ils savent comment envoyer des messages par courriel, comment aller les chercher et les lire. Cela leur suffit et ils trouvent cela absolument extraordinaire.

Cela aussi nourrit leur quotidien.
Dès qu'ils reçoivent un message d'un petit-fils vivant en Allemagne, par exemple, leur journée est faite!

Cela me rappelle une dame qui me disait qu'elle avait reçu une carte (musicale par surcroît) pour sa fête. «Vous devez venir la voir. Je suis certaine que

Les voix de l'expérience

vous n'en avez jamais vue», me dit-elle. J'y suis allée et il y avait un tel bonheur dans la figure de cette personne-là. C'est extraordinaire. Bien sûr, c'est l'exception, on s'entend.

Dans ce domaine, on pourrait peut-être aider plus. Parce qu'effectivement les enfants et les petits-enfants de ces gens-là sont «branchés». Pourquoi ne pas les aider à «se brancher» davantage affectivement?

Oui. Je sais qu'il se donne des cours au cégep Bois-de-Boulogne pour les retraités. On leur apprend à se servir d'un ordinateur.

Ce serait une bonne façon de recycler. Quand on change d'ordinateur pour avoir une mémoire effrayante, plutôt que de le mettre à la poubelle, on pour-rait offrir notre ordinateur à la retraite à des gens âgés. Et même leur proposer de leur apprendre à s'en servir.

Tout à fait. On pourrait les donner à des organismes communautaires en sachant qu'ils offriront la for-mation minimum nécessaire. Eux choisiront les personnes qui sont aptes ou non. Ce serait certaine-ment une très bonne façon de sortir certaines per-sonnes âgées de leur solitude. Même jouer aux cartes à l'écran est mieux que d'être seul.

LA VOIX DE *Charles O. Dupuis*

Parlons de la nécessité de rêver et des bienfaits
du rêve. Tu rêvais beaucoup? Tu te servais
beaucoup de l'imaginaire?

Beaucoup. Je n'ai pas tendance à revenir sur les rêves ou leur signification. Mais je me rappelle d'avoir cherché Mozart et non le bon Dieu dans un rêve où j'arrivais au ciel! J'aimais tellement la musique!

Quand tu étais enfant, est-ce qu'il t'est arrivé
de te réfugier dans le rêve pour perdre contact
avec des réalités qui ne te plaisaient pas du
tout ou qui t'étaient désagréables?

Non, je ne me rappelle pas. J'étais un rêveur. Je rêvais éveillé. Comme Félix Leclerc le disait, il faut un rêve à l'homme. Cela prend un rêve quotidien. Je plains celui qui ne rêve pas. Je ne parle pas d'une évasion. Rêver de quelque chose de meilleur, de plus beau.

Le mot clé de ma vie, c'est la beauté. Beauté dans un paysage, dans les relations humaines, dans ceci ou cela. Que cela soit beau.

*Il faut dire que tu fais aussi de l'aqua-
relle. Tu aimes les belles choses et les
belles femmes.*

Oui. Ce que le Créateur a fait de plus beau dans
l'univers, c'est la femme. Mais je ne m'évade pas
dans le rêve pour fuir la réalité.

*Parce que cela nous mène à l'illusion.
Tu viens de parler du Créateur. Tu crois
encore en Dieu?*

Oui, j'y crois.

*Un Dieu tel que tu l'as étudié en
théologie?*

Pas nécessairement. Voltaire disait: «Je ne peux
croire qu'une telle horloge fonctionne sans horlo-
ger.» Et à cette époque-là, on ne connaissait pas le
cosmos comme on le connaît aujourd'hui. Je
reviens souvent à cette phrase. Qu'il y ait un être
suprême, oui. Mais j'ai hâte de voir. Cependant,
cela ne presse pas. Un ami me disait qu'il aime
beaucoup le bon Dieu mais qu'il n'est pas pressé
d'aller le voir. Je partage cette opinion.

*Puisque tu les fréquentes beaucoup, tu
crois que les jeunes d'aujourd'hui
rêvent?*

Ils rêvent, mais à leur façon.

C'est de l'évasion. À mon avis, le signe évident de
cela, c'est le phénomène de la drogue. Ils s'évadent
dans la drogue ou la drogue leur permet de s'évader.
La drogue est un problème dans toutes les écoles du
Québec.

Pourquoi les jeunes ont-ils tant le besoin de s'évader? Ils le disent, ils veulent un «trip».

C'est-à-dire un voyage. Quand on veut partir, c'est qu'on n'est pas bien où l'on est.
Exactement. C'est remarquable. L'intervenant en toxicomanie de l'école m'a confirmé que les jeunes qui sont bien dans leur peau ne touchent pas à la drogue. Ils se disent qu'ils n'en ont pas besoin pour être heureux.

Et l'instinct grégaire dans cela?
Une variable capitale. La première cigarette, à douze ans, c'est pour faire comme les autres. Pas parce qu'on aime ça. C'était la même chose quand j'étais jeune. Mais pour l'évasion, je crois que les jeunes se droguent pour s'évader de leur détresse.

Cela me chagrine beaucoup parce que j'aime les jeunes. Cela signifie que nous leur avons créé un monde dans lequel ils ne se sentent pas bien.

Oui, mais s'évader de quoi? Quel aspect de leur vie est si peu satisfaisant? De quelle partie du monde veulent-ils s'évader? As-tu pu mettre le doigt là-dessus?
On revient souvent à l'amour.

Le jeune qui vit dans un milieu où les parents s'aiment, où les parents l'aiment, va habituellement bien. Il a ses périodes de crises comme tout le monde. Mais un bon encadrement le soutiendra.

Les jeunes qui ne perçoivent pas l'encadrement affectif ne se sentent pas bien. Sur qui peuvent-ils s'appuyer?

Que faudrait-il faire, d'après toi?
Nous parlons ici d'un phénomène mondial.

Comment renverser la vapeur?
Est-ce possible ou pas?
Les vapeurs ont souvent été renversées par des cataclysmes, des guerres mondiales, de grands malheurs. Ça prend ça.

«L'homme est un apprenti. La douleur est son maître. Nul ne se connaît bien tant qu'il n'a pas souffert», disait de Musset. Je l'applique sur le plan personnel mais on peut aussi l'appliquer sur le plan de la société.

Chez nous, nous n'avons pas souffert. Nous n'avons pas connu les guerres, les grandes douleurs. Nous n'avons pas appris les leçons que cela aurait pu nous apporter. Et je pense que tant vont les choses, que seul un grand cataclysme pourra renverser la vapeur. Je ne le souhaite pas, mais je pense que c'est ce qu'il faudra.

Et cela ne vient pas d'en haut. Autrefois, on disait que le bon Dieu nous punissait. Ce n'est pas vrai. C'est l'homme qui se punit lui-même. Ce sont les conséquences de ses propres actes. Aujourd'hui, quand on pense que les Américains refusent de signer l'entente pour arrêter la pollution de la planète, et que tout le monde va payer pour, ce n'est pas une punition qui viendra d'en haut. Tout cela pour l'intérêt et le profit de quelques-uns!

Peut-être est-ce un sombre point de vue, mais il faut le regarder en face. C'est ainsi que je le vois.

LA VOIX DE *Hubert Beaudry*

Vous qui avez eu peu de facilité à jouer, en avez-vous eu ou en avez-vous à rêver?

C'était très facile. En fait, c'est tout un exercice que de ne pas rêver.

Par moments, je me suis appliqué à faire des exercices où je ne rêvais pas. Ce n'est pas du tout acquis. Les scénarios roulent sans arrêt. Les moments où je réussis vraiment à regarder une chose, à la sentir, à faire le vide et à la rencontrer tout en faisant taire le grand bavard, sont vraiment rares. [...] Par exemple, regarder un arbre et le considérer tel quel est pour moi une activité qui relève quasiment d'une autre planète. Je l'ai pratiqué un peu, mais cela ne m'est pas naturel.

Donc, le «ici et maintenant» ne vous est pas facile facile.

C'est un mélange des deux. Je suis dans l'«ici et maintenant», et dans l'«ailleurs» tout à fait. Les deux en même temps, toujours. J'en suis certain. Je balance entre les deux.

Vous êtes constamment avec le public. Sentez-vous que les gens que vous rencontrez, fréquentez ou voyez autour de vous sont aussi des gens qui rêvent beaucoup? J'essaie de savoir si dans notre société on rêve plus qu'on ne rêvait.

Je pense que je rêve plus que les autres.

Les voir de l'expérience

Le rêve a eu beaucoup d'importance dans votre vie?

Mon doux, oui! La journée où tu cesses de rêver, tu commences à mourir.

Rêve. Fais des projets. Même irréalisables, fais-les.

Sais-tu pourquoi? D'abord quand tu rêves, tu en perds toujours. Mais tu as rêvé, il t'en reste. Si tu ne rêves pas, tu vas faire comme un bateau qui passe par marée descendante: tu accroches le fond. Rêve et ensuite tu t'ajusteras au fil des situations. Mais, au moins, pars.

Regarde chez moi.

Un canot à réparer, c'est un rêve.

La cage dans le coin, c'est un rêve.

Rêve pardi! Il n'y a que cela qui tienne dans la vie.

Rêve et fais des projets.

Et éloigne-toi de ceux qui n'en font pas.

Quand tu vois un homme d'affaires dire qu'il est pratique, fuis-le sans regarder derrière, de peur qu'il n'ait besoin de toi. Lui, ne rêve pas. Fuis. N'essaie pas de le raisonner, sauve-toi.

Si tu vois quelqu'un de morose, un corps mort, fuis!
Ôte-toi de là parce que tu vas te détruire.

Supposons que tu aies une voiture très puissante. Tu
vas aider tous ceux dont la batterie est à plat.
Viendra un jour où la tienne sera à plat. Et qui t'ai-
dera à ce moment-là? Personne. Rêve, mon homme,
c'est cela la vie.

Un bon jour, je construisais un fort devant la maison. Un passant s'arrête et me dit:

– Es-tu fou? Tu travailles comme un forcené et tout
ça va fondre au printemps!

– Es-tu sérieux? Ne viens pas me dire que cela va
fondre!

– Tu es plus fou que je pensais.

– Passe demain et je te montrerai quelque chose.

Comme je suis un oiseau de nuit, j'ai fait une cha-
loupe en glace. L'homme est revenu le lendemain. Je
lui ai dit:

– Viens ici. Je vais te montrer quelque chose.
Quand la neige fondra, j'embarquerai dedans et
m'en irai dans le fleuve.

– Diantre! Tu es plus fou que je pensais!

C'est cela, espérer. Quand je construis quelque
chose avec de la neige, je sais bien que cela fondra.
Mais pendant que je le fais, j'évacue. Je me fatigue
physiquement et je crée quelque chose.

Et au moment où ça fond, je reste ouvert pour la
continuité. Autre chose viendra, c'est la continuité
de la vie. […]

LA VOIX DE *Ghislain Devroede*

*As-tu été un homme rêveur? As-tu rêvé facile-
ment? Je parle de chérir des projets, de rêver
d'un idéal, d'une auto, d'un voyage.*

Je n'ai jamais rêvé de rêve que je ne puisse accomplir. J'ai
élaboré énormément de projets et je me suis toujours
arrangé pour les réaliser. Quand ils sont réalisés, je veux
autre chose et je vais encore plus loin. Je pense avoir une
bonne vision de beaucoup de choses.

Des rêves impossibles? Non. Je n'en ai jamais fait.

Des rêves possibles? Oui et, règle générale, ça marche
toujours.

LES *interlocuteurs*

Jacques Ste-Marie

Dans le cadre apaisant de l'île d'Orléans, il est heureux dans sa maison jaune avec sa femme lumineuse, Suzanne. Ils sont ensemble. Ils travaillent ensemble. En art. Soixante ans. Retraité et heureux de l'être.

Jacques Ste-Marie a fait carrière comme professeur à l'Université Laval où il fut notamment vice-doyen à la Faculté des arts et ensuite à la Faculté des sciences de l'éducation.

De nature timide, il avait choisi la chimie plutôt que les mathématiques parce que mathématiques égalaient enseignement et qu'il ne se voyait pas professeur!

Il a commencé par enseigner cette chimie à la Faculté des arts de l'Université Laval, puis au cégep. De fil en aiguille, il est passé de la Faculté des arts aux sciences de l'éducation où il formait des étudiants appelés à enseigner les sciences. Il s'est intéressé à l'informatique et s'est graduellement passionné pour l'enseignement par ordinateur. C'était dans les années soixante-dix.

Pendant quelques années, il a aussi travaillé en graphisme sur ordinateur. On lui doit la mise sur pied du premier laboratoire de micro-informatique de l'université. Il a dû se battre pour y arriver, mais il a finalement gagné. En fait, il essayait toujours d'utiliser l'informatique pour des applications inhabituelles. Il a, par exemple, développé un langage qui permettait de créer des dialogues artificiels.

Jacques Ste-Marie a beaucoup fréquenté des entreprises comme IBM et Apple. Alors qu'il commençait à travailler sur ses systèmes, il a eu le premier PC à Québec. IBM lui avait prêté l'ordinateur, pour six mois, afin qu'il mène son projet à bien. À cette époque, chaque nouvelle machine requérait un nouveau langage. Il n'y avait pas de langage universel. Chez Apple, il a fait partie de la fondation Apple Canada, qui donnait de l'équipement. Ce qui lui a valu de rencontrer Steve Jobs, en Californie, le lendemain de la première présentation du Macintosh.

Maintenant, il allie ses talents en informatique et sa sensibilité aux talents établis de Suzanne, sa compagne, pour produire des œuvres d'art. Ce sont des complices amoureux, l'un de l'autre, de leur art désormais commun, de leur lieu, des belles choses, de la vie. Et leur bonheur, comme tous les bonheurs authentiques, me semble contagieux!

Claudette Pinard

J'avais été profondément remué par la passion et l'intégrité de cette femme qui m'avait raconté SA cathédrale de Chartres à la radio. Une femme d'une fidélité peu commune à ses interrogations, à sa soif de comprendre, à son besoin d'authenticité en tout.

Claudette a su faire fleurir son mariage et cultiver ses enfants sans s'oublier. Jamais. Et pas toujours facilement. Bénévolat et souci de la maisonnée viennent pour elle d'un même élan d'intensité. Elle ne se réjouit ni ne se chagrine à moitié. Rien chez elle n'émane de l'indifférence, de la médiocrité.

Elle n'a pas beaucoup étudié formellement. Et sa maladie maintenant guérie lui a laissé le goût de vivre et de la lecture. Sa tuberculose a même été capitale: on lui avait prédit deux ans pour peut-être guérir, six mois lui ont suffi. Elle parle de sa tuberculose comme d'une merveilleuse catastrophe. Un exemple de résilience.

Avant même d'aller à l'école, elle avait perdu son père d'un long cancer et en avait gardé une aversion certaine pour le malheur que sa mère n'arrivait pas à exorciser. La relation avec la mère fut douloureuse, mais la détermination au bonheur a su résister farouchement.

Toute jeune, Claudette Pinard travaille dans un studio de photographie à Sherbrooke. La couture en chaîne de production lui fait comprendre qu'elle n'est pas faite pour l'usine, et c'est chez France Films, à seize ans, qu'elle trouve son destin professionnel. Elle y nettoie la pellicule et obtient un laissez-passer pour les cinémas de la firme. Une passion est née. Qui la mènera à Radio-Canada où elle développera des talents de monteuse, témoin privilégiée des débuts de la télévision au Canada. Elle parle avec une fébrilité émue de cette époque où, seule femme parmi douze hommes, elle côtoie les fortes personnalités qui vont façonner le paysage télévisuel naissant.

Elle aime rappeler que le plaisir était alors un ingrédient essentiel au travail bien fait. Je sais. J'ai eu la chance d'en profiter moi-aussi du temps où la joie était considérée comme nécessaire en communication...

Cette joie de vivre s'est épanouie plus tard dans le jardin d'une petite ferme et dans le tissage.

J'aime cette femme.

Luc Bureau

Géographe incontournable ne serait-ce que pour l'originalité et la pertinence de ses essais.

Nous nous sommes rencontrés chez lui, à Sillery, dans son bureau, au moment même où son éditeur lui livrait son dernier livre.

Luc Bureau est un Beauceron de Saint-Évariste. Je soupçonne ces sources terriennes de ne pas être étrangères à son sens de l'humour et à son originalité nourris d'un humanitarisme qui transparaît au fond de son regard.

C'est un pèlerin impénitent de la France: il revisite toujours les mêmes lieux, mais à chaque fois d'un œil neuf. Je savais bien que tout était dans son regard.

Luc Bureau est un professeur titulaire récemment retraité de l'Université Laval. En géographie culturelle et en épistémologie des sciences humaines. Dans son essai, *Géographie de la nuit* (Hexagone), il appelle à son secours la littérature, les grands mythes de création, les souvenirs d'enfance, les expressions relatives à la nuit, pour réhabiliter les ténèbres. C'est le genre de préoccupations qui rend fébrile ce regard à la fois enjoué et inquiet.

Il a toujours pensé qu'une culture se révèle par l'entremise d'un secret. Selon lui, la volonté de transparence affichée partout actuellement en Amérique du Nord, qui pousse les vedettes à révéler les dessous de leur vie privée, ne permet pas de mieux connaître la réalité. Ce qui ne l'a pas empêché de jouer le jeu, honnêtement, dans cette collection. Fidèle aux paradoxes de son œuvre d'écrivain majeur à mes yeux.

Vous voulez réfléchir sans banalité? Cherchez les livres de Bureau. La source d'inspiration des poètes est méprisée des géographes, assoiffés qu'ils sont d'un monde de pleine lumière. Lui, explore la nuit pour en comprendre le rôle essentiel. Dionysiaque. Pour tout vous dire, j'ai eu un coup de cœur pour Luc Bureau.

Paul Ferron

Eh oui… C'est bien le frère de l'autre docteur Ferron, l'écrivain si important au Québec. Mais il n'est bien évidemment pas que le frère de l'autre. Il a été candidat rhinocéros et toute sa réflexion est empreinte d'un recul qui n'est pas causé que par l'âge. Il garde le sourire de celui qui en a vu d'autres. Il vit sur les flancs du mont Sutton avec sa céramiste de Monique. Un passionné d'horticulture. Et quels résultats!

Il a exercé la médecine générale dans un quartier populaire de Longueuil. Avant les années soixante-dix, il n'était pas possible de faire passer autant de tests diagnostiques que maintenant, rappelle-t-il; il lui fallait donc voir le patient, le comprendre avec les moyens disponibles, converser avec lui, l'examiner, le percevoir dans toutes les façons qu'il avait de s'asseoir, de marcher. Comme la salle d'attente était assez longue, il allait souvent y chercher le patient. Une fois arrivé dans son bureau, notre médecin avait déjà une grosse idée, comme il dit, du problème qu'on allait lui soumettre.

Paul Ferron a longtemps été amateur de vin. Et puis il a dû se détourner de la vigne. Un point tournant pour lui.. Toujours nostalgique des bons crus, il se consacre maintenant à ses deux petits-enfants. Il veut les aider à prendre la vie du bon côté, à éradiquer le superflu dans leur jugement, à leur indiquer le sentier de l'essentiel.

Au milieu d'une nature qu'il choie et qui le lui rend bien, il vit, l'air heureux, entouré d'une collection apaisante d'œuvres d'art.

Georges Robert

Ce noble écrivain à la retraite, parti un jour de Tunis, vit depuis quelques années à Valcourt. En ne perdant jamais son goût de la Guadeloupe.

École d'architecture en Tunisie avant l'Institut d'urbanisme à Paris. Détour aux États-Unis avant d'aboutir un jour au Québec, qu'il choisit au détriment de l'Australie.

C'est un spécialiste des disparités mondiales et des injustices urbaines. Un expert des problèmes de croissance urbaine qu'on invite à *conférencer* un peu partout dans le monde et ses fractions du quart ou du tiers.

Il soutient volontiers qu'avant il y avait le Tiers-monde et les pays développés et, qu'aujourd'hui, le Tiers-monde est partout, caché derrière une aisance apparente. Les métastases du Tiers-monde nous gagnent, dit-il, et nous ne prenons pas les mesures pour y faire face.

C'est un septuagénaire sans frontières. Sa maison est un havre de convivialité et mes sens vous assurent de son épicurisme et de la qualité de sa table et de sa cave.

Suzanne Labrie

Une énergie qui se nourrit à un enthousiasme inconditionnel pour la vie. Équipée d'une huitième année forte, comme elle dit, elle s'est *autodidactée* résolument par la suite.

Quarante-huit ans de mariage avec un mari dévoué aux entreprises de sa femme et aux trois enfants.

Si ses idées ne font pas dans la dentelle, elle s'y adonne avec maestria. À la dentelle, s'entend. Elle s'apprête même à former un club de broderie à Laval. Elle qui fait déjà partie de la guilde des brodeuses du West-Island. Et elle en expose partout, des broderies. Enseigne la broderie. La collectionne.

Madame Labrie fait beaucoup de bénévolat. Elle est aussi présidente de Laval-au-Féminin et vice-présidente de la Société d'histoire Rosemont–Petite-Patrie.

Cette ancienne modiste devenue agent immobilier à succès entraîne dans son sillage un nombre impressionnant de femmes qui, comme elle, tiennent à secouer leurs habitudes, à réaliser des rêves, à entreprendre les démarches pour mieux comprendre un univers pas toujours familier.

Merci pour le café et la générosité de vos propos, madame Labrie.

Gaétane Cloutier

Comme l'ail des bois, elle a fleuri sur le tard.

Aînée de douze enfants. Le cas classique d'une abnégation et d'une résignation qui ont un jour explosé.

Il était moins cinq. Et malgré tout, pas d'amertume.

Un élan vital indemne en dépit de cicatrices parfois saillantes.

Face aux errements moraux d'une époque révolue, elle a dû s'occuper d'une enfant lourdement handicapée (Hélène), une autre au vécu difficile. La troisième, sa Renée, est son bonheur. Dans un petit logement à l'ombre du clocher de la cathédrale de Trois-Rivières, elle organise sa vie autour de son destin douloureux et des bouffées d'air frais qu'elle attend de moins en moins en les provoquant de plus en plus. Cinéma et restaurant à l'occasion, voyage chez son bonheur à Québec. Et un goût de vivre à peu près intact.

Elle a su prendre des décisions difficiles. Sur le tard.

Et se dispose à tout changement, si nécessaire. Diplômée de l'École normale de Hull, elle a enseigné pendant dix ans avant son enfermement affectif et sa soumission aux conventions sociales aliénantes qui empoisonnaient son temps avec la régularité de l'herbe à poux et des saisons inexorables. Jusqu'à ce qu'elle décide un jour de prendre son destin en main. L'histoire pathétique de l'aînée, soutien de famille, qui se culpabilise de se marier à trente ans. Et qui plus est, ne marie pas un partenaire, disons, idéal pour elle.

Mais le ménage et son joug sont enfin brisés. Elle a fait son ménage.

Kittie Bruneau

Soixante-dix ans portés comme si elle en avait trente, avec un oeil enjoué et l'autre qui en a vu d'autres. Une artiste majeure. Une indispensable de la peinture chez nous. Elle a peint pendant toute sa vie. Elle a peint, coloré toutes ses joies, sans se donner la peine de dessiner le contour de ses déceptions. Malgré plus de 800 œuvres répertoriées, elle demeure un secret bien gardé. Et pourtant, elle cause, comme disait l'autre.

On peut dire d'elle, comme de sa peinture, qu'elle respire le juvénile. Son indépendance et son humilité l'ont certainement écartée d'une plus grande notoriété.

Kittie Bruneau a beau être peintre, c'est le genre à faire du trekking en Himalaya à 57 ans et à s'étonner qu'on s'en étonne. Quand elle délaisse le pinceau, c'est pour filmer des inégalités sociales dans le monde. Et ce n'est pas tout. Elle fut aussi danseuse aux Ballets de l'étoile à Paris et avec Maurice Béjart! Voilà Kittie Bruneau et ses tresses éternelles.

Son fantôme hante toujours l'île Bonaventure. Maintenant, c'est à Pointe Saint-Pierre, en Gaspésie, qu'elle peint sur le sol, pieds nus, qu'elle danse le pinceau à la main et la jeunesse au cœur.

Elle ne vieillira jamais.
Parce qu'elle n'a peur de rien. Rien.
Et se fiche éperdument de toutes les normes.
C'est une très grande, la petite Kittie.

Jean-Pierre Lefebvre

Ma complicité avec Jean-Pierre remonte au tournage des *Maudits sauvages*, un de ses très bons films. Au-delà de ce qu'il a réalisé, ce que j'admire le plus chez lui c'est l'intégrité de sa démarche socioculturelle. Le genre de cinéaste idéal pour transmettre non seulement son savoir-faire, mais surtout sa réflexion sur le métier. Demandez à ses élèves de l'Université Concordia. Vous avez déjà lu du Jean-Pierre Lefebvre? Quelle richesse de propos. Quelle pertinence de jugement. Quelle élégance au service du vrai.

On pourrait croire que les préoccupations commerciales des Téléfilm Canada de ce monde ont engendré une amertume compréhensible. Mais non. Toutes les embûches et les indifférences jetées sur le chemin de sa carrière n'ont presque pas altéré la passion pour son métier. En création comme dans sa vie affective, il a cultivé de façon exemplaire l'art des recommencements. Avec courage. Sans ressentiments, mais en laissant place à la dignité de la colère.

Il n'a qu'un regret: la disparition prématurée de ses parents qui n'ont pas connu ses quatre enfants.

Pierre Dupras

Ineffable Dupras! Mon idole du Collège André-Grasset. C'était la première fois que j'observais un collégien de la cour des grands. Un artiste qui affichait, dans ce milieu si conventionnel, ses différences, sa marginalité. J'ai suivi sa trace. Puis je l'ai perdue. J'ai su plus tard qu'il avait fréquenté l'Université de Montréal en littérature et, surtout, en histoire de l'art.

Il est devenu un redoutable caricaturiste, un peintre incontournable. Quand je l'ai retrouvé avec émotion, il achevait une carrière brillante de pédagogue tout en poursuivant sa création artistique personnelle. Surtout comme sculpteur, métier dont il apprit les arcanes à plus de quarante ans, aux Beaux-Arts. Un cheminement aussi rigoureux que talentueux que je vous souhaite un jour de découvrir en visitant sa maison-musée dès qu'il l'ouvrira au public et servira lui-même de guide.

Pierre sait plein de choses. Un érudit. Mais, surtout, Pierre comprend. Ne négligeant aucun détail, son éloquence s'épanouit dans un esprit de synthèse enviable. Vous voulez comprendre l'histoire de l'art et sa relation avec l'Histoire tout court? Invitez Pierre. Je vous recommande toutefois de ne pas lésiner sur la qualité des mets et des vins.

Il s'offre des regrets comme celui de ne pas avoir étudié l'architecture qui le passionne et de ne pas avoir traversé l'Atlantique sur son voilier. Ce qui ne l'empêche pas de s'émerveiller de la moindre gâterie de la vie et de s'épivarder avec générosité dans la soudure de ses sculptures.

Et quand on déplore que son œuvre ne soit pas suffisamment connue et appréciée, il vous répond fébrilement qu'il vaut mieux transférer l'énergie gaspillée à la quête de la notoriété à la démarche artistique: on est alors plus fidèle à ce qui importe. À ce qu'il est impérieux de réaliser.

Nous nous voyons de temps en temps avec joie. Et certaines de ses sculptures qui habitent chez moi ne sont pas à la veille de déménager.

Guy Duckett

Bientôt octogénaire, ce radiologue s'est mis à la retraite depuis trois ans. Complètement.

Je me souviens encore de mon impression d'inconfort lors de cette rencontre. La solitude de cet homme, sa *dolorosité*, son désarroi sont palpables, transmissibles mais non contagieux.

Il a choisi jadis la radiologie poussé par l'ennui que lui procurait la médecine générale. Il y a vingt-cinq ans, il a dû divorcer. C'est un des drames de sa vie qu'il traîne comme un cheval fidèle traîne toujours une cariole vide s'en pouvoir s'en défaire.

Ce n'est pas un homme heureux et, comme tel, il avait sa place dans l'échantillonnage de mes rencontres.

Jacques Boucher

Soixante-cinq ans. Père de quatre enfants, plusieurs fois grand-père. Originaire de Montréal, ses parents viennent de Saint-André de Kamouraska. Un professeur accompli, un administrateur chevronné, un passionné de musique.

Nous avons parlé ensemble chez lui, à flanc du mont Royal, au cœur d'un coin de quartier privilégié que les habitants affectionnent en cultivant les formes raffinées de la convivialité. Solidaires de leurs chances dans la vie.

Il pratique la musique des XVIIe et XVIIIe siècles surtout: flûte à bec, flûte traversière baroque, chant et chorale. Il fait partie de conseils d'administration de différents groupes musicaux et il préside le conseil d'administration du centre sportif de l'Université de Montréal.

Ce qui ne l'empêche pas de s'occuper beaucoup de sa mère âgée de quatre-vingt-quatorze ans.

Il pratique aussi la pêche à la mouche. Et j'aime bien ce type de sportif.

Avant la pêche et la musique, Jacques Boucher a été professeur de droit à l'Université de Montréal, a géré un gros projet de recherche sur l'informatique juridique. Puis il s'est retrouvé vice-doyen de la Faculté de droit, puis doyen de la Faculté des études supérieures, et encore de celle de l'éducation permanente. Et enfin adjoint du vice-recteur à la planification, secrétaire général de l'université. Au cœur et à la tête du monde universitaire, quoi.

Et pourtant, ce sont ses deux divorces qui ont été les points tournants de sa vie.

René Derouin

Je l'admire depuis fort longtemps.

Je l'ai rencontré dans sa maison à Val-David, celle qu'il a construite de ses mains et qu'il pourrait maintenant quitter pour réduire ses besoins à l'essentiel… Comme il a toujours fait dans sa démarche artistique et personnelle.

L'enfant Derouin a beau être fragile, l'adulte rayonnera avec une force peu commune sur les Amériques. René Derouin s'avère un funambule de génie, toujours en équilibre précaire entre l'essentiel et l'extraordinaire, entre l'éphémère et le durable. Il a ancré sa pérennité aux souches de son territoire.

René Derouin, parti à la recherche de lui-même en 1955, pose son regard sur le monde, sur les autres, sur l'autre, il veut traduire ce qu'il voit. Son regard plonge vers l'intérieur, dit-on de lui. C'est ainsi qu'il parvient à faire affleurer à la surface de la toile, du papier, du bois, du bronze, bref de toute matière qu'il touche, l'essence de la tragédie humaine.

Encore tout jeune, il voit son fleuve Saint-Laurent lui dérober son frère, puis son père. Canada, États-Unis, Japon, Mexique. Il fréquente de prestigieux ateliers, rencontre des Pablo O'Higgins et Rufuno Tamayo au Mexique, les maîtres graveurs japonais Toshi Yoshida, ainsi que Munakata, de qui il apprend le contrôle de l'énergie physique et mentale. Il étudie l'espagnol, la peinture de murales, la gravure. Son œuvre se résumera en trois mots: identité, migration, métissage.

En 1995, il crée la Fondation Derouin qui rassemble, chaque été, des artistes venus réfléchir au sens de la vie et de la création.

Ses œuvres majeures demeurent *Suite nordique*, *Between*, l'installation *Migrations*, un projet qu'il réalise au Québec et au Mexique et pour lequel il crée

20 000 figurines. L'événement important des dernières années sera le largage dans le fleuve de 19 000 de ces figurines en céramique. Un geste délinquant mais réfléchi, un geste d'artiste avec tout ce que cela comporte de transcendant. Un geste gratuit, de l'ordre du sacré, dans une société qui a évacué tout le sacré. Il ajoute: «Le langage, c'est un geste qui m'a donné naissance, me permettant de me larguer moi-même. C'est aussi un geste d'enracinement à l'intérieur du Québec. C'est l'œuvre la plus publique, la plus permanente, désormais rien ni personne ne peut la contrôler».

Mon admiration aussi respectueuse que passionnée pour cet artiste majeur se concrétise chez moi par l'omniprésence de deux de ses statuettes sur le socle desquelles j'ai gravé: *Le poids de la mémoire que le sacré ignore.* La nécessité de transcender les banalités du quotidien pour y reconnaître tous ces discrets symboles qui nous rappellent l'essentiel. Comme si l'espace rejoignait le temps avec René Derouin.

J'ai rencontré cet homme extraordinaire dans son ordinaire. Et j'ai joui de son tutoiement comme d'un cadeau précieux. Un atout dans ma vie.

Jacques Rouleau

Sa chaleureuse maison est nichée entre le mont Shefford et la montagne de Bromont. Une harmonie communicative. À l'intérieur comme aux alentours.

Il a soixante-neuf ans. Il est retraité. Père de trois enfants.

Jacques Rouleau a fait carrière comme ingénieur civil. À Hydro-Québec où il a joué un rôle important. Vous lirez. C'était un champion des lignes de transport: conception et réalisation. C'est lui qui devait affronter les résidants opposés à la présence d'une ligne hydro-électrique dans leur voisinage. Il occupe sa retraite et fatigue ses angoisses en peignant, en écrivant. Dans son studio bien ordonné.

Il a été heureux et malheureux dans son travail. Sa carrière a été très fructueuse mais, tandis qu'il se rendait au bureau, il gardait toujours la nostalgie de la peinture. Il souffrait de ne pas en faire à plein temps. N'eût été de sa femme et de ses enfants, il aurait laissé l'ingénierie pour le pinceau de l'artiste, dit-il.

En peinture, il affirme chercher encore sa palette. Par contre, en littérature, il a trouvé son poème dès ses premières pages.

Il a le sentiment d'avoir été ballotté d'un côté et de l'autre de la vie au hasard des circonstances. D'avoir plus subi qu'agi, finalement. Il regrette de ne pas avoir pris davantage sa vie en main. Ce qu'il fait depuis qu'il est à la retraite.

Comme tant d'autres.

Louis Laplante

Ce Verdunois bien enraciné dans son milieu a pratiqué sa médecine à portée de patinoire de sa maison natale. Ses patients en parlent comme d'un ami, fidèle à son milieu, ses élèves de la faculté de médecine en gardent un souvenir admiratif.

Il a éduqué ses enfants en leur inculquant une compréhension simple de la vie: nous sommes des animaux, et en tant que tel, nous avons un territoire à occuper. Nous ne pouvons nous écarter de ce territoire et nous devons l'occuper et le maîtriser. Le loup a besoin d'un mille carré, le daim, de dix milles carrés et l'humain d'un, deux ou trois arpents. Il doit pouvoir y construire sa maison, cultiver sa terre pour en vivre. Tout le reste, pour lui, service, science ou travail, doit être fait par plaisir. Ce doit être du loisir.

Pour ce médecin néphrologue, *interniste*, et bon vivant, collectionneur d'art, le fait d'aller choisir un territoire de l'autre côté de la terre implique la conscience du territoire de l'autre et de la possibilité d'un geste provocateur de conflit.

Un accident cérébro-vasculaire et ses séquelles, en 1996, l'ont fait beaucoup réfléchir. Aujourd'hui, il est toujours actif dans le milieu médical comme administrateur en milieu hospitalier et comme planificateur de curriculum dans le milieu universitaire.

Si vous le rencontrez un jour, observez bien son regard: vous y verrez une attention émue à l'humanité. Pendant que sa façon de faire sourire sa paupière rappelle constamment qu'il sait pourquoi et pour qui il vit et qu'il est donc heureux.

De façon contagieuse.

Solange Chalvin

Le mari de Solange, Michel, fut un confrère stimulant à mes débuts à Radio-Canada à Montréal. Un être de feu. Parfaitement intégré, engagé dans sa société québécoise d'adoption.

Solange journalisait, elle, au *Devoir*. Et puis un jour ils ont fabriqué ensemble un livre-bombe, *Comment on abrutit nos enfants: la bêtise en 23 manuels scolaires...* C'était avant le ministère de l'Éducation.

Et puis la fonction publique est venue chercher Solange pour qu'elle participe aux changements qu'elle prônait dans le domaine de la protection de la jeunesse. La bachelière en lettres est allée chercher une maîtrise en administration et s'est attelée avec conviction à ses tâches de commis de l'État, au nom de ses idéaux sociaux. Elle a élevé ses trois enfants et s'adonne maintenant, sans réserve, à la réflexion et à la mise en œuvre du pont nécessaire entre les générations. Elle y bénévole à qui mieux mieux. En particulier dans le Service d'accompagnement des personnes âgées.

Avec Michel, elle avait préparé avec soin la retraite en caressant, entre autres, le rêve de son mari de retourner dans sa France natale. Il y a sept ans, la mort a subitement foudroyé Michel et leurs rêves de retraite. Ce qui n'empêche pas Solange de poursuivre ses activités et ses voyages. Seule.

Mes amitiés, Solange.

Charles O. Dupuis

C'était au Collège Saint-Laurent. Il se distinguait des autres clercs de Sainte-Croix par l'impression qu'il donnait à plusieurs d'entre nous: il ne nous éduquait pas, il se rendait complice de notre éducation. Une énorme différence.

On le savait différent. Beaucoup plus tard, quand nous sommes devenus amis, égaux, et qu'il m'a tout confié, j'ai su qu'il avait bel et bien été différent. À lui de se raconter un jour.

Quand les autres soutanes nous parlaient de Dieu et du Salut, lui nous parlait de la joie. Pendant les répétitions de théâtre ou de chorale. Au Bar-B-Cue. En coulisse. Ou ailleurs. Il a fait la différence, comme on dit, dans ma vie. Mon bout de cours classique, c'est lui. Essentiellement lui. Il a fait un jour comprendre à mes parents que mon destin (l'ancien mot pour la passion) ne croiserait jamais les routes balisées du conformisme.

Il a complété sa carrière d'éducateur à Buckingham. En rêvant de Paris comme un asthmatique culturel aspire à respirer. Enfin! Charles O. c'est la musique. Celle de son maître de chapelle, de père à Notre-Dame, de ses Petits Chanteurs du Mont-Royal, de ses cousins de là-bas: Mozart et Bach.

Il a maintenant plus de 70 ans, il est marié, et serre les dents devant l'ostie de cancer qui assombrit sa joie comme une peine d'amour. Quand on lui parle de regrets ou d'espoir, son regard se mouille d'un voile tricolore. Ce fut mon mentor, puis un ami, puis un frère aîné, puis un complice des délinquances essentielles à l'authenticité de la joie de vivre. Nous sommes devenus témoins importants l'un pour l'autre.

Hubert Beaudry

Je l'avais déjà croisé dans sa boutique sur la rue du Petit-Champlain, au pied de la falaise, dans le Vieux-Québec. Une boutique de peaux. De vêtements de peaux d'une sensualité que j'ai retrouvée chez l'homme.

Cet ancien vicaire, originaire de Saint-Jérome, vit au cœur du charme de Sainte-Pétronille, à l'île d'Orléans.

Quand il a quitté l'animation pastorale, les circonstances l'ont amené à travailler le cuir. Et rapidement à en faire le commerce.

Il n'est pas particulièrement heureux, mais sans amertume pour autant. C'est un préoccupé mélancolique. Un épistolier. Son manuscrit d'un recueil de lettres écrites à son père décédé mériterait publication.

Les femmes médiatisées le fascinent et l'ont influencé.

En bon artisan, il fignole non seulement son commerce florissant mais aussi les aléas de sa vie souvent douloureuse. Pas pour l'illusion de la refaire mais pour comprendre ce qui lui est arrivé. Un cheminement d'apaisement. Il a quelque chose de l'arroseur arrosé: comme un séducteur séduit…

Henri Clermont

Tout un personnage! Presque octogénaire.

Son rez-de-chaussée montréalais étonne, disons. Ce pourrait être un mont-de-piété, ou l'antre d'un antiquaire distrait, ou la remise d'un *guenillou* humoriste, ou l'atelier d'un sculpteur pop, ou la cachette d'un collectionneur compulsif. C'est simplement chez lui. Le sanctuaire de ses rêves, en fait.

L'accumulation des objets témoins de sa pensée et de ses convictions. Vous pourrez toujours trouver son refuge à Montréal: il est le seul à entretenir un fort en neige devant chez lui!

Est-il besoin de préciser qu'il est encore célibataire? Cet aîné d'une famille nombreuse a dû, très tôt, remplacer son père à la gérance de l'hôtel familial. Il a étudié l'évaluation domiciliaire en Californie et l'hôtellerie à Washington, a été promoteur immobilier et se considère maintenant comme sculpteur. Il a horreur des inutiles qui ne savent pas se prendre en main. Son credo, c'est l'action toujours renouvelée. Dernièrement, il a fabriqué une petite cage avec des étagères de réfrigérateur et des pièces de métal récupérées. L'ouvrage terminé, il y a inscrit: *nous vivons tous dans des cages; à nous d'en sortir ou d'y crever, la clé est à l'intérieur.*

Sa conviction profonde, c'est d'éviter le piège de la fausse tolérance en excusant tout, y compris les plus inexcusables conneries. Pour lui, le cancer du bonheur, c'est toute forme de regrets.

Ghislain Devroede

Ce colosse d'origine belge est établi au Québec depuis plus de trente ans, mais il a fallu qu'un ami habitant la

Rêver

Côte d'Azur, Boris Cyrulnik, me suggère de le rencontrer pour que je tombe instantanément en état d'amitié avec ce grand escogriffe de chirurgien spécialisé dans les super bricolages colorectaux. Il ne me tiendra pas rigueur de mon impertinence puisqu'il la pratique allègrement lui-même.

Il vit dans la joie et l'égalité son quatrième mariage avec une femme beaucoup plus jeune que lui. Ce grand spécialiste, aussi en statistique et en physiologie, a publié un très grand nombre d'articles remarqués dans le monde de ses pairs. Il est actuellement professeur de chirurgie à l'Université de Sherbrooke, moniteur en communication et humanisme.

Il parcourt le monde pour apprendre aux autres et apprendre avec avidité des autres. Le genre de médecin dont la compétence et l'humanisme nous rassurent sur les praticiens des métiers de la santé… si vous voyez ce que je veux dire.

Je voudrais remercier de leur complicité généreuse et amicale tous les interlocuteurs de cette collection.

Ma gratitude s'adresse aussi à ceux et celles qui m'ont proposé des interlocuteurs. Merci à Jacques Demers de la FADOQ, Sylvie Denicourt, ma fille Sophie-Andrée Blondin, Jean Provencher, Daniel Turcotte, Pierre Curzi, André Leduc, Lucie Duclos, Boris Cyrulnik, Suzanne Michaud, Loraine Paradis, Nicole Dorin, Serge Cabana, Richard Ste-Marie, Monique Martin, Gilles Trudeau, Carol Couture, Raôul Duguay, Siegfried Gagnon, Monique Larocque, Robert Nelson, Renée Deschênes, Josée Blanchette, Monique Harton, et les passagers du voilier McGowan qui m'on aussi fait d'heureuses suggestions.

Un merci particulier à Pierre Légaré, qui a été la bougie d'allumage de ce projet.

Je dois aussi beaucoup à Denise Bélanger, qui a assumé la transcription des enregistrements avec compétence et discernement. Une collaboratrice devenue indispensable à la réalisation de tels projets.

Merci aussi au support de natures diverses de Patrick Leimgruber, Alain Stanké, Nadine, Jean-Marc Brouillette, Loraine Paradis, Isabelle et Robert de la Maison McGowan à Georgeville, et Julie St-Onge.

Sylvie et Grégoire m'ont offert une hospitalité de rêve sur leur coin d'île, à Cayman. Merci.